글쓴이 김정윤

영문학을 전공하고 대학에서 학생들을 가르쳤어요.
지금은 책이 좋아 책쟁이가 되어 어린이들과 부모님들을 위한 책을 만들고 있어요.
지은 책으로는 〈왜 양보해야 돼요?〉, 〈왜 우는 걸까요?〉, 〈손을 왜 씻어야 돼요?〉, 〈왜 기다려야 돼요?〉가 있어요.

그린이 박광명

동물과 자연을 사랑하는, 그림을 그리는 사람이에요. 서울에서 점박이 개와 가족과 함께 살고 있어요.
그림책 작업과 함께 다양한 일러스트레이션 작업을 진행하고 있어요.
〈대단한 밥〉, 〈안녕, 중력〉, 〈여름 상상〉을 쓰고 그렸어요.

우리 모두 함께 좋은 습관 6

초판 1쇄 발행 2023년 8월 3일 | **초판 2쇄 발행** 2025년 5월 20일
글쓴이 김정윤 | **그린이** 박광명 | **펴낸이** 김옥희 | **펴낸곳** 아주좋은날 | **출판등록** 제16-3393호
주소 서울시 강남구 테헤란로 201, 501호 | **전화** 02-557-2031 | **팩스** 02-557-2032
홈페이지 www.appletreetales.com | **블로그** http://blog.naver.com/appletales
페이스북 https://www.facebook.com/appletales | **트위터** https://twitter.com/appletales1
인스타그램 @appletreetales @애플트리태일즈

ISBN 979-11-92058-24-5 (74370)   ISBN 979-11-87743-81-1 (세트)

글 ⓒ 김정윤, 2023
그림 ⓒ 박광명, 2023

이 책의 무단전재와 무단복제를 금지하며,
책 내용의 전부 또는 일부를 이용하려면 반드시 아주좋은날(애플트리태일즈)의 동의를 받아야 합니다.

잘못 만들어진 책은 구입한 곳에서 바꿔드립니다.
값은 뒤표지에 표시되어 있습니다.

*아주좋은날*은 애플트리태일즈의 실용·아동 전문 브랜드입니다.

어린이제품 안전특별법에 의한 기타 표시사항

품명 : 도서 | 제조 연월 : 2025년 5월 | 제조자명 : 애플트리태일즈 | 제조국 : 대한민국 | 사용연령 : 7세 이상
주소 : 서울시 강남구 테헤란로 201, 5층(02-557-2031)

왜 정리 해야 돼요?

우리 모두 함께
좋은 습관 6

글 김정윤
그림 박광명

민종이는 아침부터 복슬이가 없어졌다고
울고불고 난리가 났습니다.
"엄마! 형아! 복슬이 못 봤어?
나는 복슬이 없으면 학교에 못 가!"
마치 복슬이가 안 보이는 게 엄마의 잘못인 것처럼 울기 시작합니다.
"민종아, 그러니까 네 물건은 스스로 잘 챙기고
제자리에 두자고 얘기했잖아?"
아빠가 방에서 나오시며 한 말씀 하십니다.

복슬이는 민종이의 애착 인형입니다.
푸른색 강아지 인형인데, 털은 길지 않지만
만지면 부드럽고 향기도 솔솔 납니다.

민종이는 아기 때부터 복슬이랑 같이 있어서인지
복슬이만 안으면 마음이 스르르 편해집니다.

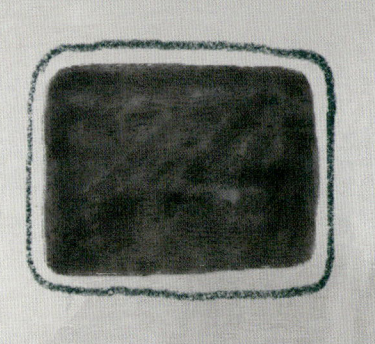

형아까지 나서서 찾기 시작한 지 한참 뒤,
드디어 책장 사이에 끼어 있는 복슬이를 발견했습니다.
"봐, 이래서 정리를 해 놓아야 어디 있는지 바로 보인다니까?
지저분하게 쌓아 놓으니 한참 찾았잖아."
그래도 민종이는 지지 않고 대답니다.
"누가 책장 속에 끼워 놓은 거야?"
멋쩍은지 냅다 소리를 지르고 복슬이를 안고 학교로 갑니다.

민종이네 엄마는 늘 바쁘십니다.
아직 아가인 동생도 돌봐야 하고
편찮으신 할머니도 돌봐 드리고
민종이 숙제도 봐 주셔야 합니다.

그래서 민종이네는 규칙이 있습니다.

식사 후에는 먹은 그릇을 주방 설거지통에 넣기.

벗은 옷은 빨래 통에 넣기,

쓴 물건은 제자리에 갖다 놓기…….

저녁 식사 후에는 아빠가 설거지를 돕습니다.

작년 동생이 태어난 지 백일쯤 지난 후,
엄마는 부엌에서 일을 하시다 갑자기 쓰러지셨습니다.
민종이는 무서워서 엄마를 흔들어 깨우고,
동생은 계속 울어 대고,
아빠는 이리저리 뛰어다니다 119를 부르고……
응급차가 와서 엄마를 싣고 나갈 때
민종이는 엄마가 돌아가실까 봐 무서웠습니다.

다행히 엄마가 무사히 깨어나시고,

아빠는 여러 규칙을 세웠습니다.

물론 민종이와 형제들도 엄마를 돕기로 하였습니다.

첫째, 물건을 제자리에 놓기.

둘째, 옷은 분류해서 세탁기에 넣기.

셋째, 저녁에 마른 옷들 개어 놓기…….

민종이의 담당은 청소기 돌리기입니다.

민종이가 청소를 돕기 시작하니

엄마가 쉴 시간이 생겼습니다.

하루는 엄마가 커피를 마시며
민종이가 청소하는 모습을 보시다가
"민종이가 청소를 도와주니까
집이 더 깨끗해졌어."
하시며 함빡 웃으셨습니다.

그렇지만, 시간이 지날수록

민종이는 또 정리하는 게 귀찮아졌습니다.

그래서 요즘은 정리를 포기하고

물건을 막 쌓아 두기도 합니다.

학교에서도 그렇습니다.

민종이가 교실 청소 당번을 맡았을 때

쓰레받기를 아무 데나 놔두고 하교했다가

다음 날 당번이 찾지 못해

짜증을 내기도 했습니다.

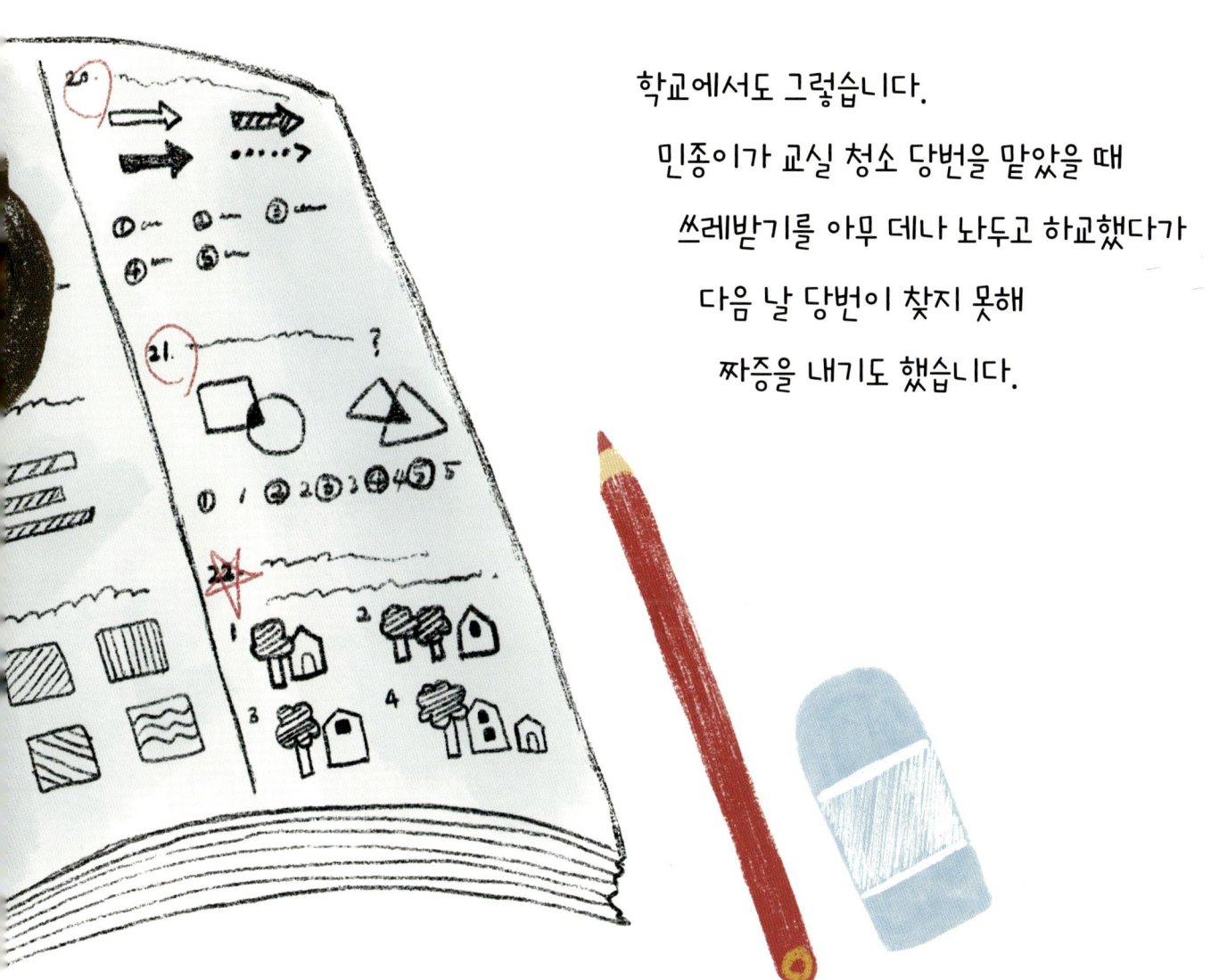

또 가끔은, 학교 신발장에 신발을 아무렇게 벗어 놓았다가
비슷한 신발들끼리 섞여 애를 먹기도 합니다.
특히 금요일 학교가 끝나고 친구들과 축구를 하러
뛰어갈 때는 신발장에서 신발을 바꿔 신기도 했습니다.
다음엔 꼭 제자리에 벗어 놓기로 다짐하기도 여러 번입니다.

복슬이 때문에 소동을 치르고,
민종이는 학교에서 돌아왔습니다.
집에 제일 먼저 돌아온 민종이는
어질러진 거실을 새침하게 둘러보았습니다.

민종이는 지난주를 떠올렸습니다.

같은 반 친구 수진이와 동욱이가 놀러 와서

민종이의 자동차 장난감을 마음대로 꺼내 놓고는

학원에 가야 한다고 바닥에 뒤죽박죽 놓고 가서

혼자 정리하느라 씩씩 화가 났던 기억이 났습니다.

'엄마도 어질러진 집을 보면 그런 기분이겠지?'

민종이는 이제야 엄마의 마음을 헤아릴 수 있었습니다.

그래서 가방을 벗자마자 거실 여기저기 어질러진 장난감과 책,

아침 간식을 먹느라 흘린 주스와 과자 부스러기를

열심히 치웠습니다.

"어머, 우리 집이 웬일이야? 반짝반짝하잖아?"

엄마가 장을 보고 들어오시자마자 놀라 말씀하셨습니다.

민종이가 방에서 쏙 나오더니

"헤헤, 제가 다 치운 거예요!"

하고 으쓱 생색을 냅니다.

엄마는 엄지를 척 세우며 민종이를 칭찬해 주셨습니다.

"역시 우리 집 정리 왕 민종이!"

민종이는 복슬이를 안고 기분 좋게 잠들었습니다.
'오늘 너를 잠깐 잃어버렸지? 미안! 앞으로 내가 잘 챙길게.'
오늘따라 옆방의 동생 우는 소리도 거슬리지 않고,
창밖의 빗소리도 자장가처럼 들립니다.

정리 정돈을 잘하면 모두가 웃게 돼요!

1. 학교에서 신발을 가지런히 벗고 정리를 잘하나요?

2. 교실에 있는 책들을 읽고는 제자리에 꽂아 놓나요?

3. 목욕을 하고 난 후 옷을 빨래 통에 넣어 놓나요?

4. 쓰고 난 수건은 제자리에 놓나요?

5. 청소함의 도구를 쓰고 난 후에 다시 제자리에 정리하나요?

6. 식사 후에는 개수대에 그릇을 갖다 놓나요?

7. 아침에 이불을 잘 정리하나요?

위의 질문에 5개 이상 '네'라고 답한다면
정리 왕이 될 수 있어요!

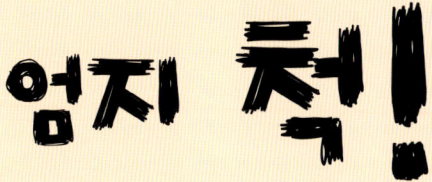